VICTORIEN SARDOU

DE L'ACADÉMIE FRANÇAISE

THERMIDOR

DRAME EN 4 ACTES

Représenté pour la première fois
à Paris sur la scène de la *Comédie-Française*,
le 24 janvier 1891

Compte rendu analytique par Émile MOREAU

PARIS
LIBRAIRIE NILSSON
338, RUE SAINT-HONORÉ, 338

THERMIDOR

DRAME EN 4 ACTES

VICTORIEN SARDOU

DE L'ACADÉMIE FRANÇAISE

THERMIDOR

DRAME EN 4 ACTES

Représenté pour la première fois
à Paris sur la scène de la *Comédie-Française*,
le 24 janvier 1891

Compte rendu analytique par Émile MOREAU

PARIS

LIBRAIRIE NILSSON

338, RUE SAINT-HONORÉ, 338

PERSONNAGES

Jolibon, coiffeur.
Bérillon, lampiste.
Un pêcheur à la ligne.
Ribout, employé du Comité de Salut public.
Wolff, commis-greffier du tribunal.
Brault, concierge de la Conciergerie.
Pourvoyeur, espion.
Chateuil, employé du Comité de Salut public.
Bricart.
Samson, bourreau.
Bouchart, membre de la section de l'Arsenal.
Olivon, employé à la Conciergerie.
Marteau, secrétaire du Bureau de police.
Tavernier, huissier du tribunal.
Deburn, lieutenant de gendarmerie.
Vasselin, employé du Comité de Salut public.

Gaspard, petit commis de Bérillon.
Charles Labussière.
Martial Hugon.
Lupin, petit commis du Bureau des détenus.
Fabienne Lecoulteux.
La Mariotte.
Jacqueline, femme de Bérillon.
Mlle Brault.
Françoise.
MM. Ch. Esquier, Fordyce, Jacques Fenoux, Franck, Gauley, Ravet.

THERMIDOR

DRAME EN 4 ACTES

PREMIER ACTE

Cinq heures sonnent au campanile de l'Hôtel de ville : les clochers de Saint-Jean et de Saint-Gervais sonnent à leur tour : cinq heures! Une brume violette traîne encore à l'horizon ; des voiles de buée flottent sur la Seine, et, déjà, le long du pont Grammont, sur la berge du port Saint-Paul, les vitres des lanternes flambent, incendiées de soleil ; du quai de l'Arsenal monte une vibration chaude, et, pour trouver un peu de fraîcheur, il faut s'engager sous le mail ou descendre l'escalier de bois qui mène à la rivière.

Voyez! l'endroit n'est-il pas charmant et fait pour arrêter le regard d'un peintre?

Et tenez! ne sont-ce pas des artistes qui viennent dessiner ce nid de verdure?

Non; ce ne sont rien que deux pêcheurs à la ligne : le premier, bas chinés, veste courte, a quinze ans à peine ; le second, tout de gris habillé, en a trente environ.

Leur visage est paisible et leur tournure honnête. Ou je me trompe fort, ou ces braves gens sont des commis, fort peu soucieux de ce qui se passait hier soir aux Jacobins...

Mais pourquoi tant de précautions? Ont-ils peur qu'un rival leur dispute la place? Voyez de quel œil ils examinent le lavoir et le hangar plein de futailles, et, là-bas, de l'autre côté du train de bois, la rive de l'île Louviers.

Le petit y saute en deux bonds, fouille du regard l'épaisseur du feuillage.

— Personne ?

— Personne.

— A l'œuvre donc !

Et les voilà qui ouvre leur panier et se mettent en devoir de jeter à l'eau... Que diable émiettent-ils avec tant de soin ? Est-ce de l'appât ?

— Méfiance !

— Qu'est-ce que c'est ?

Un autre pêcheur à la ligne, un vrai celui-là, et dont la nature a précisé la vocation en lui donnant cette tournure d'échassier.

Les deux commis ont fermé leur panier. Tous trois enfilent leur ligne, eux installés sur cette rive, le nouveau venu sur l'autre ; visiblement, ce nouveau venu les gêne, et le récit qu'il leur fait de la pièce jouée la veille au théâtre de la Nation se prolonge trop à leur gré...

Le digne homme s'est mis à déplorer la mollesse du tribunal révolutionnaire, trop lent à punir les accapareurs :

— Le peuple meurt de faim, s'écrie-t-il, et l'on voit des gens qui se mettent de la farine sur la tête.

L'aîné des commis saisit ce joint :

— C'est pour Robespierre que tu dis ça?

— Moi?

— Tu accuses l'Incorruptible?

— Moi?

Le malheureux proteste, frissonnant; le petit commis, pour l'achever, lui fait entendre que l'homme en gris est un avertisseur.

Un mouchard!

Le pauvre pêcheur sent la tête lui trembler sur les épaules. Il ramasse ses ustensiles et s'enfuit, éperdu, à grandes enjambées.

Et les deux commis de rire et de se remettre à leur besogne mystérieuse.

— Méfiance!

— Qu'est-ce encore?

— C'est un officier qui vient de paraître sous les arbres du mail.

Il regarde l'homme en gris :

— Labussière! s'écrie-t-il.

— Martial!

Et Labussière, se retournant vers son petit collègue, ajoute tout bas :

— Passe dans l'île et termine la chose.

Le petit collègue emporte le panier.

Ah! la bonne étreinte, et quelle joie de retrouver un vieil ami!...

Charles Labussière et Martial Hugon ont fait leurs premières armes ensemble au régiment de Savoie-Carignan; un jour, souffleté par un cadet, Labussière bondissait, ivre de rage... Martial sut l'empêcher d'oser une folie qui lui eut coûté cher; le lendemain, Labussière quittait le service. Depuis lors, chacun d'eux a suivi sa destinée, Labussière jouant la comédie de société au théâtre Mareux, Martial Hugon gagnant un grade à chaque bataille. Le voilà aujourd'hui commandant d'artillerie, en attendant mieux, à l'armée de Sambre-et-Meuse.

— Et comment es-tu à Paris?

— Je viens apporter à la Convention les drapeaux pris à Fleurus.

— Et que fais-tu sur le quai de l'Arsenal à cette heure?

Martial y cherche une femme, une jeune fille qu'à son dernier voyage il a trouvée évanouie dans la neige, qu'il a secourue, qu'il aime...

Fabienne Lecoulteux est d'une famille

bretonne; la guerre de Vendée l'a faite orpheline; recueillie dans un couvent d'Ursulines, à Compiègne, elle se vit de nouveau seule au monde le jour où le couvent fut fermé, les religieuses dispersées.

C'est alors que Martial la rencontra, l'installa chez une parente à lui dans ce quartier de l'Arsenal. Les beaux jours de tendresse timide, si vite passés!... Martial dut quitter Fabienne, et, cette douleur les enhardissant tous les deux, ils ne se quittèrent pas sans se promettre de s'aimer uniquement et de s'épouser au retour : mais un désastre survint; Martial fut fait prisonnier. Plus de nouvelles de celle qui se disait sa fiancée... Revenu à Paris depuis quelques jours, il l'a cherchée en vain; sa parente est morte; de Fabienne aucune trace. Hier matin il lui a semblé la reconnaître quittant ce lavoir; mais gêné par des attroupements, il l'a tout de suite perdue de vue, et il se désole en pensant qu'il lui faut repartir demain, sans la retrouver peut-être.

— Mais, quoi ! La Patrie me réclame ! Ma place est à la frontière !

— Et cette place est la meilleure... Ah ! vous êtes heureux, vous autres soldats ! Vous ne voyez de la Révolution que ses grandeurs et ses vertus, nos armes triomphantes et les aigles royales fuyant partout devant le drapeau tricolore. Retourne à l'armée, va ! C'est là qu'est le pur patriotisme ! Tu ne verras ici que de quoi désoler une âme vraiment républicaine comme est la tienne.

— Hélas ! que tu dis vrai ! Je suis allé à la Convention; j'y ai cherché vainement les grands hommes de cette Assemblée nationale qui a sapé l'ancien régime, les héros de la Constituante qui a fondé le nouveau, les girondins qui nous ont conquis la liberté, les dantonistes qui nous ont conquis la République! Tous disparus, fugitifs, égorgés! Je suis allé aux Jacobins; j'y ai entendu le doucereux Couthon réclamer le supplice des « Indulgents », et d'autres forcenés renchérir sur ces insanités sanguinaires. J'ai parcouru la ville... Sur tous les murs, des affiches de ventes, à toutes les portes des mobiliers à l'encan. Dès la tombée du jour, les boutiques fermées, les places vides, les rues silencieuses et sombres; à chaque pas, une patrouille exigeant la carte civique, et, pour tout bruit, la voix des crieurs hurlant la liste des gagnants à la loterie de sainte Guillotine... Car tous les jours, à quatre heures, six, sept charrettes suivent les quais, menant à la boucherie hommes, femmes, vieillards, jeunes filles, enfants; avant-hier encore une de quinze ans... Et c'est Paris, cela, notre beau, notre glorieux Paris! le

Paris du 14 Juillet! le Paris de la Fédération!...

Et Labussière soupire :

— Ah! mon cher Martial, il est loin, le jour où, si joyeusement, nous roulions la brouette au Champ-de-Mars... Quel enthousiasme alors chez tout ce peuple affranchi de ses lisières! Et les beaux rêves d'avenir! Plus d'arbitraire ni de privilèges! Plus de grands humiliant les petits, de riches oppresseurs du pauvre! La justice pour tous, le pouvoir aux meilleurs, les honneurs aux plus dignes la guerre à tous les abus, la place à tous les droits, l'appel à tous les devoirs! O lune de miel de la liberté! où es-tu? Un si beau rêve finir dans l'horrible! En être venus là, à ces mœurs de cannibales, à ces abattoirs de chair humaine! Quel écœurement!

S'animant à mesure, il dit l'atroce loi de Prairial, œuvre de Robespierre, tout un peuple courbé sous la menace du couperet, les plus ardents républicains, les meilleurs, à la merci d'ennemis inconnus, qui n'ont pour les perdre qu'à murmurer un tout petit mot : Suspect!... Écoutez! le mot dit hier dans un club a pour écho cet autre mot dit au tribunal révolutionnaire : la mort! Au crime d'être suspect il n'y a pas d'autre châtiment : la mort! La mort toujours! La mort pour tous... excepté pour les assassins!

— Quoi s'indigne Martial, et tout Paris subit, accepte ces horreurs?

— Ah! pauvre peuple, ignorant et crédule, mais si dévoué à la République et si vaillant à la défendre! peuple héroïque, qui accepte toutes les misères, s'impose tous les sacrifices pour le salut de la Patrie menacée sur toutes les frontières! On lui disait des condamnés du premier jour : « Des conspirateurs, des traîtres qui pactisent avec l'étranger pour t'affamer et te remettre en servitude. Supprime-les : l'abondance renaîtra, et ce sera l'âge d'or ! » Il l'a cru. Et, pendant des mois et des mois, il a vu passer par charretées, royalistes, feuillants, girondins, hébertistes, dantonistes, tous les partis, tous les âges, tous les rangs, tous les métiers, jetés pêle-mêle au même tombereau... Mais, plus la moisson des têtes est copieuse, plus sa misère est grande, et moins apparaît l'âge d'or. Il s'étonne, il s'irrite... Et puis, les premiers condamnés passaient hautains ou résignés; leur silence même les supposait coupables... Mais voici qu'à la fin les victimes semblent se lasser! Elles se débattent, attestent leur innocence et crient grâce à la foule, qui commence à s'émouvoir. Les commerçants de la rue Honoré se sont plaints qu'à l'heure où passait le funèbre cortège, le quartier se faisait désert, leurs boutiques étaient vides... Le jour de la fête de l'Être Suprême, sur la place de la Révolution, les huit bœufs qui traînaient le char des Arts et Métiers refusaient d'avancer, offusqués par l'odeur du sang dont la place était imprégnée, et le peuple s'est ému de cette leçon donnée à l'homme par la brute. L'échafaud menaçait de devenir impopulaire. Subitement on l'a transporté à la place de la ci-devant Bastille; puis sur de nouvelles plaintes à la barrière du Trône-Renversé, aux confins de la ville, presque dans les champs. Les premières charrettes engagées dans le faubourg ont été accueillies par un silence morne, hostile, et, depuis, sur leur passage, les fenêtres se ferment, les hommes s'éloignent, les femmes se cachent... Pense qu'en cinquante-sept jours, le faubourg a vu passer plus de treize cents condamnés!...

Martial s'est levé, frémissant :

— Et, dans cette ville indignée, il ne s'est pas encore trouvé dix hommes de cœur pour se ruer sur l'échafaud? Pas un bon, pas un vrai républicain comme toi et moi, n'a protesté pour sa cause que l'on déshonore et n'a crié à ce peuple abusé : « Ça, la République? ça la Révolution? ça la Liberté? Mais c'est le contraire, mais c'est tout ce que nous exécrons dans le passé, et que nous voulons impossible dans l'avenir; c'est la Saint-Barthélemy, les Dragonades, l'Inquisition, l'Audotafé... par le fer au lieu du feu? Non! ce n'est pas la République, c'est le despotisme! c'est la tyrannie, et de toutes la pire, celle de la canaille... »

Doucement, Labussière interrompt son ami :

— Danton l'a rêvée, comme toi, la fin des supplices, lui qui disait à Fabricius :

« J'aime mieux être guillotiné que guillotineur ! » Camille l'a crié comme toi, ce que tu dis là... Et tous deux ont payé de leur tête le crime d'indulgence et de modérantisme ; et pas une voix de la foule n'a protesté contre leur supplice... Et c'était Camille ! et c'était Danton !

— Ah ! bon Dieu ! est-ce possible ?

— Oh ! pardieu ! si les honnêtes gens avaient la bravoure de leur honnêteté comme les coquins ont celle de leur scélératesse ! Mais la lâcheté humaine et l'égoïsme !... Chacun ne songe qu'à son propre salut, s'aplatit sur le sol, faisant le mort... Les honnêtes gens gémissent... Certes, c'est leur fonction, à ceux-là, de toujours gémir et de ne jamais rien faire ; mais pour arrêter la charrette et crier : A bas l'échafaud ! pas un !

— Eh bien, je serai celui-là !

— Tu veux donc te faire égorger ?

— Bah !

— Tais-toi !

Un bruit de voix aiguës emplit les allées du Mail.

Ce sont les laveuses qui arrivent, jacassant et riant, et commentant les nouvelles apportées par la belle Françoise, une Théroigne en sabots qui vocifère le soir dans sa section et terrorise le jour tout le lavoir.

— Ce bateau-là, conclut Labussière, c'est tout Paris ; le fanatisme dit : Tue ! la peur dit : Assomme !

Lupin, le petit commis, est revenu de l'île Louviers, où il a fini de vider ce panier, décidément suspect ; Labussière le renvoie au bureau.

Cependant Martial fouille des yeux le groupe des laveuses ; Fabienne n'y est pas.

Où la trouvera-t-il maintenant ? Qui sait

si l'on n'a pas appris qu'elle sortait du couvent d'Ursulines? Pour la dénoncer comme suspecte, il n'en faudrait pas tant.

Mais à qui donc en ont toutes ces femmes, rouges d'une soudaine colère :

— A l'eau, l'aristocrate!

Quelle est cette jeune fille, là-bas, qui traverse le pont en courant et que poursuit cet orage de huées?

— Fabienne! c'est elle!

Toute la meute des mégères s'élance en la voyant... Folle de peur, elle crie :

— A moi! au secours!

— Me voici! répond Martial.

Et, d'un bond, frissonnante, elle tombe dans ses bras :

— Sauvez-moi! murmure t-elle, sauvez-moi!

La belle Françoise vint la regarder sous le nez, et toutes les laveuses après elle :

— C'est bien ça! C'est bien la mijaurée d'hier qui se récriait quand nous racontions l'exécution de cette vieille abbesse de Montmartre, qui est montée à la guillotine avec ses béquilles.

— Et elle a fait mieux que de se récrier; elle a dit : « Jésus! quelle horreur! »

— « Jésus! » Encore une Vendéenne!

— A la lanterne l'émigrée!

— Vous tairez-vous, à la fin? commence Martial.

Labussière interrompt, et, d'un ton plus doux :

— Cette jeune fille n'est rien de ce que vous dites; c'est la fiancée du commandant Martial Hugon, que voici... Et allez demander à Carnot s'il n'est pas bon républicain, celui-là!.

— Sa fiancée?.

— Oui.

— Qu'elle le prouve !

— Comment ?

— Qu'elle l'embrasse !

- Qu'à cela ne tienne !

Éperdument, Martial la serre sur son cœur ? mais elle, glacée, le repousse :

— Assez ! implore-t-elle, la voix tombante.

Et ceci semble louche.

Ce qui semble plus louche encore, c'est que Labussière veut absolument l'éloigner ; Françoise vient de l'entendre qui lui disait :

— Allez-vous-en, Mademoiselle...

— « Mademoiselle ! », se récrie le vigaro... Quand je vous dis qu'on se moque de nous ! Il ne la tutoie pas ! Il l'appelle « Mademoiselle ! » C'est une Vendéenne, encore un coup !... Regardez ses mains, au surplus. Est-ce que c'est ça des mains de républicaine? Et cette croix, tenez! qu'elle a au cou!...

Les clameurs redoublent.

Martial proteste en vain, exaspéré.

— Si elle n'est pas Vendéenne, qu'elle le prouve en criant : « Mort aux aristocrates! »

— Moi?

— Elle s'y refuse! Son affaire est bonne... Ah! justement, voici Pourvoyeur! Viens ici, Pourvoyeur!...

L'espion appelé descend sur le train de bois, suivi d'un tas de curieux, gamins, forts de la Halle et mariniers.

— Qu'est-ce que c'est? demande-t-il.

— C'est des agents de Pitt et de Cobourg! hurle Françoise. Et celui-là tout le premier.

Elle désigne Labussière.

— Demande-lui plutôt sa carte!

— Ta carte! ordonne l'homme au gourdin.

— Et si je ne voulais pas te la donner, ma carte? réplique Labussière, si vertement que l'autre perd un peu de son assurance.

— Insolent! serait-il des nôtres?

Enfin Labussière montre sa carte tricolore. Pourvoyeur la lit, et, saisi, recule, gronde des excuses, s'en prend à ces sacrées femmes, leur ordonne d'ouvrir le chemin aux deux citoyens et à la citoyenne, et plus vite que ça!

Les laveuses se rangent, interdites... Labussière fait passer Martial et Fabienne, et monte, lentement, l'escalier derrière eux.

— Qu'est-ce qu'il y avait donc sur sa carte? demandent les laveuses.

— Imbéciles que vous êtes! C'est un agent du Comité de Salut public!

— Lui!

Ces dames en demeurent stupides.

La belle Françoise court sur les pas de Labussière :

— Salut, citoyen ! lui crie-t-elle ; salut et fraternité !

— Et la mort !

DEUXIÈME ACTE

Une chambre chez les citoyens Bérillon dans l'après-midi du même jour.

Vive comme une abeille et propre comme un sou, la citoyenne Bérillon, habilleuse du théâtre Mareux, mais pas du tout jacobine, et n'endurant pas qu'on la jacobinise!

— Carmagnole! s'égosille à crier son pauvre gros lampiste de mari.

— Est-ce que je m'appelle Carmagnole? C'est comme notre petit Joseph que tu t'es avisé d'intituler « Ça ira! » Je lui ai dit : Toi, quand ton père t'appellera Ça ira, tu n'iras pas!

— Tu ne comprends donc pas, gémit le malheureux, que c'est pour les autres ce que j'en fais?

— Oui-dà!

— Penses-tu que je me charge pour mon plaisir de ce briquet qui me bat les jambes, de ce bonnet rouge à franges?...

— Qui te donne l'air d'un vieux coq!

— Penses-tu que ça m'amuse de régaler tout le temps la section de l'Arsenal?

— Alors n'y va pas, à la section!

— Merci! tu veux me faire passer pour suspect? Quand le mari est sans-culottes...

— C'est la femme qui les porte... Va-t'en! maintenant que te voilà déguisé en tigre, va-t'en hurler avec les loups!

Et la citoyenne Bérillon se remet, tout en maugréant, à faire reluire ses jolis meubles où l'on se mirerait.

— Bonjour, citoyenne Bérillon.

— Tiens! Labussière! bonjour.

Elle vient à lui, les mains tendues, avec un joli sourire, les joues toutes roses.

Il faut vous dire que Labussière a été son locataire un bon bout de temps, et il est si bon enfant, toujours le mot pour rire!...

— Qu'y a-t-il pour votre service? Labussière...

— Voulez-vous donner l'hospitalité et une tasse de lait à mon ami Martial Hugon et à sa fiancée que voici?

— Très volontiers.

La citoyenne Bérillon va chercher le lait, tire les volets pour défendre ses hôtes de la chaleur, et, discrètement, s'éloigne.

Voilà les trois amis à la table, encore émus d'une alarme si chaude.

— Ah ça! demande Martial, qu'est-ce que c'est que cette carte magique?

— Me promettez-vous de ne pas frémir?
— Comment?
— Lis!

Martial lit :

« République française. Charles Hippolyte Labussière, employé au bureau des détenus. »

Martial et Fabienne ont le même haut-de-corps.

— Toi?
— Vous?
— Un métier pareil!

— Allons! sourit Labussière, je vois bien qu'il faut tout vous dire, sous peine de passer pour un buveur de sang.

Il achève sa tasse de lait.

— Obligé de quitter le théâtre Mareux à la suite d'une discussion avec un enragé, et craignant une dénonciation, je désespérais de trouver un gagne-pain, quand un jeune auteur, Guilbert Pixéricourt, me recommanda à son ami Fabien Pillet, employé principal au Bureau des détenus. J'obtins d'y remplacer un pauvre garçon qui venait de mourir. Naturellement, à peine installé, je cherchai parmi les dossiers qui m'étaient confiés s'il n'y en avait pas à mon nom. Rien. Donc pas de dénonciation. Me voilà tranquille. En revanche, j'en trouve un au nom de Florian. Le Florian des Fables... Dénoncé cet honnête homme et par un infâme qu'il avait sauvé de la misère! C'était en hiver, le poêle ronflait. Indigné, je jette le dossier au feu. Quand on vint le réclamer, je me souvins que j'avais joué les Jocrisses avec succès : je fis l'imbécile, alléguai en bégayant le désordre de mon prédécesseur... On me traita d'idiot... mais Florian était sauvé... Enhardi par l'impunité, je recommençai; je détruisis successivement je ne sais combien de pièces dont la disparition suffit à sauver je ne sais combien d'innocents, tous les acteurs de la Comédie-Française, Mme Custine... Que sais-je? des centaines... Seulement, comme l'été était venu et que l'odeur du papier brûlé m'eût trahi, je m'avisai d'un autre moyen... Je fais dissoudre les dossiers dans ma cuvette, j'en forme des boulettes dont je bourre mes poches et que je vais le lendemain de bonne heure jeter à la rivière, avec l'aide de mon commis Lupin...

— Ainsi, quand je t'ai rencontré ce matin?...

— Dix aristocrates à la Seine, d'un coup!

— Ah! que c'est bien, mon ami!

— Ah! monsieur, que c'est bien!

— C'est tout simple. Ça m'amuse de

mystifier l'échafaud. Mais j'ai peut-être été un peu loin. L'attention est éveillée; Fouquier-Tinville trouve décidément le désordre excessif, et le chef de la police lui-même...

— Héron?

C'est Fabienne qui a prononcé ce nom.

— Vous connaissez cet homme? demande Labussière, inquiet.

— Il servait comme palefrenier chez mes parents... Dernièrement, me trouvant sans ressources, j'ai pensé à m'adresser à lui...

— Vous êtes allée...?

— J'ai trouvé un ivrogne insolent, et me suis enfuie plus vite que je n'étais venue.

— Ah! miséricorde! Vous ignorez la suite?

— Qu'est-ce donc?

— Ce drôle, plat valet de Robespierre, singe hideux de Marat, s'est vanté que vous étiez allée chez lui pour l'assassiner... Il en a fait grand bruit, comme vous pouvez croire... Vous aviez, ce jour-là, cette robe?

— Oui.

— Que la belle Françoise vous connaît aussi... Il faut en changer...

Mme Bérillon, appelée, a justement là un costume de théâtre pour Dupré l'aînée, qui fera l'affaire.

— Allez le revêtir. Où logez-vous maintenant?

— Avec quelques Ursulines, récemment retrouvées...

— Prévenez-les que vous êtes ici.

Fabienne sort, serrant à peine la main de Martial.

— Toi, continue Labussière, cours chez Carnot ; demande-lui deux passeports, emmène Fabienne en Belgique, vite, et, là, fais-en ta femme.

— Voudra-t-elle le devenir?

— Pourquoi non?

— Que sais-je? Vois de quel air elle m'a quitté! Rappelle-toi comme elle a frémi sous mon baiser, comme elle s'est dégagée... Hélas! elle n'est plus ce qu'elle était à mon départ pour l'armée...

— Réveille son amour, si tant est qu'il sommeille, et viens me retrouver à mon bureau, pavillon de l'Égalité, ci-devant pavillon de Flore. En passant, je vais retenir deux places à la diligence... Hâtez-vous surtout; car il va se passer des choses graves à la Convention cette après-midi. La lutte est engagée entre les comités et Robespierre; il peut se faire que, ce soir, on se batte dans les rues; donc, fais vite. Et à tout à l'heure!...

Martial avait raison; Fabienne est gênée devant lui; ses yeux, ces doux yeux qui demandent le cœur, elle les détourne, triste.

Il l'interroge.

— Quelle peine je vais vous faire, mon ami !

— Vous ne m'aimez plus ! vous en aimez un autre !

— Non. J'ai prononcé mes vœux.

— Vous !

Et elle lui raconte que, dans la retraite qu'elle partageait avec quelques-unes des sœurs du couvent de Compiègne, Monseigneur Bonneval, depuis guillotiné à Strasbourg, est venu consacrer une novice à Dieu, qu'il l'a exhortée elle-même à suivre cet exemple...

— Je vous croyais mort, Martial... Mes lettres me revenaient toutes avec ce mot : « Disparu ». Au Ministère de la guerre, on ne doutait pas que vous n'ayez été tué... Me croyant libre, je consentis.

— Alors c'est une veuve que tu as cru donner à ton Dieu... Du moment où je vis, ce pacte est nul : ma fiancée m'appartient.

— J'ai prononcé mes vœux !

— Tu m'aimes ! et tu ne peux être à Dieu en même temps qu'à moi... Aussi bien, il n'y a plus de vœux éternels.

Et, ce disant, il lui prend les mains, l'enlace...

La pauvre fille se débat, affolée, entre son serment et son amour :

— Je ne peux pas, balbutie-t-elle.

— Tu me préfères le salut de ton âme? Tu ne m'aimes pas !

Ah ! comme elle souffre ! Elle ne peut pourtant pas lui laisser croire qu'elle en aime un autre. Ce qui fait sa souffrance, c'est précisément cet amour qui se réveille plus fort que tout, plus fort que ses scrupules, plus fort que Dieu...

Câlin, il la rassure, l'enveloppe de paroles tendres, l'attire sur son cœur...

Et, vaincue, elle s'y jette avec un grand cri :

— Pardonnée ou non, je t'aime !

— Ah ! Fabienne ! ma femme retrouvée ! Maintenant je peux partir...

Il court rejoindre Labussière et lui annoncer sa victoire...

Hélas ! Il est à peine dehors que le commis du lampiste, qui a été porter la lettre de Fabienne aux Ursulines, revient en hâte, bouleversé...

Les religieuses viennent d'être arrêtées, dénoncées comme entendant la messe en cachette...

Et voici qu'on les emmène par la rue Beautreillis.

La foule qui les accompagne hurle la Carmagnole : elles chantent le *Salve Regina*; les cris et les pas rythment le cantique.

— Ah! les vaillantes filles! crie Fabienne déchirée...

Elle ouvre les volets, regarde, les reconnaît en pleurant :

— Mes sœurs! pardonnez-moi de ne pas vous suivre...

Ah! si ce n'était Martial !...

A ce moment, la porte s'ouvre.

Bouchart paraît, suivi de Bérillon et d'autres sectionnaires de l'Arsenal.

La lettre de Fabienne, saisie chez les religieuses, la dénonce.

— Ton nom?

La jeune fille se redresse :

— Fabienne Lecoulteux, ursuline.

D'un mot elle s'est condamnée.

— Ton compte est bon !

On l'emmène à la Conciergerie, et, là-bas, les voix pures des sœurs planent au-dessus des clameurs et des huées.

TROISIÈME ACTE

Rien de plus curieux que l'installation du bureau des détenus aux Tuileries.

Figurez-vous un vaste salon Louis XV, dont le plafond peint et les trumeaux sont encadrés de dorures; une fenêtre qui donne sur la cour des Machines est garnie de grands rideaux de soie; une glace énorme surmonte une cheminée de marbre blanc; les écussons de la Royauté brillent sur les portes, une table de Boule luit dans un coin, et ce décor de fête a pris l'air d'un grenier; sur les écussons s'étalent des affiches; des balles ont étoilé la glace; une cuvette de quinze sous garnit la table flanquée d'un broc de fer-blanc; à côté d'un flambeau d'argent, des piles de journaux encombrent la cheminée; les tabourets de paille alternent avec les chaises dorées, tachées d'encre; des drapeaux de section traînent, poussiéreux. Adossés aux murs et masquant les paysages rococo, se dressent des casiers de bois blanc où sont empilés les dossiers, dossiers de détenus et de dénoncés; il y en a de tous les côtés et jusque dans la pièce voisine, qui fut la lingerie de Marie-Antoinette. La table qui occupe le milieu du salon en est pleine; il en traîne sur les tabourets et sur le parquet. Les portes du fond ouvrent sur un vaste escalier à rampe de fer, qu'éclaire mal un quinquet et qui mène à la Convention.

La séance va être chaude. Tallien a reçu ce matin une lettre que Thérésa Cabarrus lui écrivait de sa prison; on prétend qu'il siège, un poignard à la ceinture. Le fait est que les tribunes regorgent, prises d'assaut depuis le matin. Et tous les employés désertent les bureaux pour assister au duel d'une partie du Comité de Salut public contre Robespierre, de la Convention nationale contre la guillotine.

— Hâtons-nous! Labussière fera notre besogne...

Mais Labussière ne vient pas.

On discute, en attendant.

Enfin le voilà, bégayant, ahuri, fort peu soucieux, semble-t-il, des orages qui se déchaîneront tout à l'heure dans l'ancien théâtre du palais.

— Hâtons-nous! c'est commencé!

— Et tâche de ne pas nous attirer encore des reproches par ton désordre et ton incurie.

Labussière reste seul avec Martial, qui vient le rejoindre, tout radieux de son triomphe... Il a les passeports ; Labussière a retenu les places ; la diligence part ce soir ; quelques heures à attendre... un joyeux dîner de compagnie... et en route !... Nulle dénonciation n'a été envoyée contre Fabienne... Il y a plusieurs dossiers au nom de Lecoulteux... Le sien n'y est pas !...

— Ah ! citoyens !...

Qu'arrive-t-il au brave petit Lupin ? Pourquoi si pressé, si pâle ?

Lupin apporte une lettre de la citoyenne Bérillon.

— Fabienne arrêtée !...

Martial pousse un cri, s'élance... Labussière le retient :

— Tais-toi ! et ne perdons pas la tête... Toi, Lupin, cours à la Convention, et rapporte-nous des nouvelles...

— J'y vais...

— Arrêtée !...

— Allons ! du calme ! Elle n'est pas perdue pour cela. On ne la jugera pas avant que son dossier ait été apporté ici et renvoyé au tribunal révolutionnaire ; demain, c'est décadi, le tribunal chôme ; nous avons au moins quarante-huit heures devant nous... Et, d'ici quarante-huit heures, Robespierre sera renversé et la guillotine abattue.

— Qui sait ? Et si la Plaine hésite à attaquer Robespierre ? Si personne ne jette le cri : « A bas le tyran ! » ?

Et, brusquement :

— Adieu !

— Où vas-tu ? s'écrie Labussière.

— A la Convention ! Je vais...

— Tu vas te perdre et Fabienne avec toi !

— Ainsi ?...

— Silence! on vient!

C'est Marteau, le secrétaire du Bureau de police, la face aussi rouge que son bonnet.

Il vient apporter à Labussière, dont il se méfie et qu'il en avertit, un dossier établi à l'instant par Héron et spécialement recommandé.

— Par Héron?

— Oui. Une citoyenne qu'on vient d'arrêter et qui, récemment, a voulu l'assassiner.

Les deux hommes se regardent :

— Fabienne !

Héron tient à ce qu'on lui fasse son affaire aujourd'hui même...

— Le tribunal entre en séance à trois heures; établis le dossier, je vais venir le reprendre.

Sur quoi, il allume sa pipe et va faire un tour à la Convention où il compte saluer le triomphe de la Montagne :

— On va donc en finir avec ces enragés de modérés !

Ce dossier apporté, et que Marteau va venir reprendre, c'est la mort de Fabienne.

Tantôt il ne fallait plus que quelques heures pour assurer son salut... Quelques heures suffiront maintenant pour que sa tête tombe.

Et, pendant que, là-bas, la Convention bouillonne, pendant que les mots tragiques jaillissent comme des lueurs d'armes dans une mêlée, les deux hommes luttent, affolés par la présence de ces quelques feuilles de papier, sur la couverture desquelles flambent deux mots : « Fabienne Lecoulteux ».

Que faire ?

Toutes les idées, Martial les essaye, Labussière les déclare impraticables.

— Supprimer le dossier ?

— Impossible.

— Oui, ce serait te perdre.

— Ce serait surtout la désigner à ses juges.

— Remplacer ces pages accusatrices par une justification?

— Fouquier-Tinville la condamnera, rien que sur l'enveloppe où les griefs sont résumés.

— Il faut la sauver pourtant!

— Prends garde! Est-ce Marteau déjà?

Vivement, Labussière a rejeté le dossier dans le tiroir ouvert.

C'est Lupin qui arrive, essoufflé, apportant un bulletin de la séance :

— Ça chauffe! Tallien a coupé la parole à Saint-Just. Thuriot refuse la parole à Robespierre...

Sa sonnette tinte sans cesse, dominant les voix furieuses...

Et son récit haletant est comme un soupirail ouvert sur une caverne de Cyclopes, empourprée d'on ne sait quel flamboiement sinistre, pleine de chocs et de hurlements...

Lupin retourne aux nouvelles.

— Et dire, gémit Labussière, que dans deux jours il n'y aura plus d'échafaud !

— Dans deux jours elle sera morte !

Labussière regarde sa montre :

— Deux heures ! Qu'on l'oublie seulement trois heures, elle est sauvée...

— Si tu changeais l'enveloppe du dossier ?

— Folie ! Et les timbres ? et les signatures ?

— C'est vrai.

— Que Fouquier confonde deux liasses véritables, condamne un accusé pour un autre qui porte un nom semblable ou approchant, cela arrive tous les jours... Mais...

Martial bondit :

— Eh bien? N'as-tu pas là des dossiers au nom de Lecoulteux?

— Oui.

— Remplace celui de Fabienne par un de ceux-là, et la voilà oubliée...

— Et l'autre? L'autre est perdue!

— Qui sait? Fouquier peut ne pas la condamner.

— S'il la condamne, pourtant?

— Quand même? Est-ce que j'ai le droit d'hésiter?

— Toi? non, peut-être... Mais moi?

Quel débat!

D'un côté la conscience, de l'autre la passion.

Qui l'emportera? L'honnête homme ou l'amant?

Pas de sophisme possible ; pour sauver

cette femme, il faut en sacrifier une autre, tout aussi innocente.

Les voilà attelés à un crime, l'oseront-ils jusqu'au bout ?...

Entraîné par l'impétueuse douleur de son ami, Labussière, ruisselant de sueur, les mains tremblantes, fouille les dossiers.

Voilà trois noms pareils, à l'orthographe près :

Un citoyen Le Couteux, un vieillard, quatre-vingts ans...

— Fouquier ne saurait s'y méprendre...

Une femme Lecoulteux, plus âgée que Fabienne...

— Qu'importe ?

— Oh ! regarde.

— « Deux enfants. »

Martial recule.

— En voici une autre : « Fille Lecoulteux 26 ans... »

— Nous n'aurons pas mieux! murmure Martial.

— Vingt-six ans! répète Labussière, haletant.

L'autre insiste :

Vois! « Fille galante! » Une créature!

— Une créature humaine!

De nouveau Martial s'arrête, frappé d'une lueur terrible...

Il s'acharne pourtant contre ce fantôme; il se redit :

— Il faut sauver Fabienne, à tout prix!

— Même au prix d'un assassinat...?

Écoute, Labussière! Marteau va revenir... C'est lui qui vient, sans doute... Ce dossier que, tout à l'heure, tu as jeté dans ce tiroir, d'instinct, avant d'y penser, ose l'en tirer donne-le-lui! Condamne-la!

— Ah! malheureux! Tu sais bien que je ne le peux pas.

— Alors condamne l'autre!

— En ai-je le droit?

Étourdi, épuisé, Labussière chancelle... Le vertige le prend...

— Écoutez!... On vient!... C'est Marteau...?

Ce n'est pas Marteau, c'est Lupin avec les employés du Comité :

— Victoire! crie-t-il de tous ses poumons, pendant que le tambour qui bat aux champs annonce la fin de la séance... Victoire! Robespierre est à bas!... Robespierre est arrêté avec Couthon, Saint-Just, Lasne, Marteau...

— Marteau aussi? s'écrie Martial... Alors Fabienne n'a plus rien à craindre?

— Je l'espère! courons à la Conciergerie!

Martial et Labussière s'élancent au dehors.

Cependant les couloirs s'emplissent de cris :

— Vive la République !

C'est Robespierre et ses amis qui passent dans la cour des Machines entre deux rangs de gendarmes.

— Vive la République !

QUATRIÈME ACTE

Tout autour de la Conciergerie on bat le rappel.

Des crieurs passent :

— Demandez la mise hors la loi de Catilina Robespierre et de ses complices!

Labussière et Martial arrivent dans la cour du greffe, pareille, entre ses hautes murailles, à une fosse de fauves, pleine de rumeurs et d'allées et venues.

Wolf, le commis-greffier du tribunal, tout en noir, comme s'il portait le deuil de ses victimes, circule, donnant des ordres.

— Le Tribunal fonctionne donc !

Tout Paris croyait le contraire (1).

— Pourquoi ne fonctionnerait-il pas? répond Wolf. L'arrestation de Robespierre ne doit pas empêcher la justice de suivre son cours. Les deux présidents, Dumas et Scellier, sont à leur poste.

D'ailleurs, la Commune acceptera-t-elle l'arrestation? Henriot est monté à cheval avec ses hommes à moustaches, et l'on s'attend à des batailles.

En attendant sept charrettes sont rangées au pied de l'escalier du Palais de justice, prêtes à emmener, d'ici une demi-heure une quarantaine de condamnés, pas moins. Labussière, qui connaît le concierge, le prie

---

(1) « Cependant le bruit étonnant de l'arrestation de Robes-
« pierre se répandant dans Paris, le mot de tous fut celui-ci :
« Alors l'échafaud est brisé? Tellement il avait réussi a iden-
« tifier son nom avec celui de la Terreur. » (Michelet. *Hist. de la Révolution, Liv. IV, chap. V.*)

de faire passer à Fabienne une lettre qui doit la rassurer.

Jolibon, le coiffeur chargé d'apprêter les condamnés, va la lui remettre. Il entre au greffe.

Mais voici d'étranges nouvelles apportées par Tavernier, un des huissiers du tribunal :

— Le président Dumas vient d'être arrêté sur son siège, par ordre de la Convention, au moment où il jugeait une jeune femme qui avait voulu recommencer Charlotte Corday, et que dénonçait une lettre de Héron.

— Fabienne !

— Alors le tribunal s'est séparé ?

— Non pas : un autre juge a repris la présidence.

— Soit; mais on ne peut pas condamner

sur une simple dénonciation... N'est-il pas vrai?

...Écoutez! le tocsin! Décidément ça sent la poudre.

Le coiffeur revient, qui apporte la réponse de Fabienne.

Martial lit en frissonnant :

« Adieu, Martial... La voix de mes sœurs m'a rappelé mon devoir... Je me suis déclarée leur complice... La mort me fût-elle épargnée que je ne serais jamais votre femme... Je vous aimais... Adieu... Sœur Marie-Madeleine. »

— Que signifie cela? Est-elle condamnée?

Elle l'est! Un greffier du tribunal vient l'annoncer à Labussière...

Condamnée! Et les charrettes sont là, qui, du tribunal, vont l'emmener tout droit...

Mais quoi? Ces charrettes, les dernières

sans doutes, qui oserait maintenant donner l'ordre qu'elles partent? L'arrestation du président Dumas est une preuve que la Convention désavoue Fouquier-Tinville.

Déconcertés par les menaces de Labussière, les greffiers du tribunal hésitent à prendre cette responsabilté.

Il n'y a pas jusqu'au bourreau qui ne déclare en avoir assez. Hier, on a failli lui jeter des pierres; il a peur que le faubourg ne lui fasse un mauvais parti...

Mais voici que la crête du mur et le faîte des escaliers du Palais et la base des colonnes se hérissent de têtes. Ce sont les aboyeurs à quarante sous, la claque de la guillotine, qui vient à grands cris réclamer le départ des charrettes et accuser la lenteur des greffiers.

Des gens arrivent en courant :

— Dumesnil, le commandant des gendarmes, vient d'être arrêté!...

C'est la réponse de l'Hôtel de ville à l'arrestation de Dumas. Les partisans de Robespierre relèvent la tête! Celui-là risquerait la sienne qui ferait preuve d'indulgence après cet avertissement.

Telle est l'opinion de Fouquier-Tinville.

L'ordre est donné de faire avancer la charrette. La populace applaudit.

Au milieu de ce flux et reflux d'événements, il en est de la pauvre Fabienne comme d'un marin que balance la mer hostile et qu'elle n'apporte tout près du rivage que pour lui rendre plus cruelle l'angoisse de l'engloutissement.

Une première charrette vient s'encadrer dans le porche de la cour; les gendarmes se rangent de ce porche à la porte du greffe. La foule s'approche, curieuse...

Que faire? Comment la sauver maintenant...?

Il reste un moyen ! Celui qu'invoqua Olympe de Gouges et qui réussit à quelques autres : une déclaration de grossesse...

Labussière va trouver le président Scellier...

Et, cependant, dans le couloir sinistre, l'appel commence :

— Legay !... Puy de Vérine !... Femme Puy de Vérine !... Femme Grimaldi Monaco !... Vrigny !... Brillon !...

Legay paraît, un soldat de trente ans ; Puy de Vérine, un vieillard impotent, soutenu d'un côté par sa femme, de l'autre par un geôlier ; la belle princesse de Monaco ; Vrigny, un bourgeois en cheveux blancs ; Brillon, un étudiant de vingt ans...

Ils passent, les mains liées, les cheveux coupés, entre une double haie de gendarmes, et vont s'entasser sur une charrette qu'une autre charrette remplace...

Labussière revient, rapportant une autorisation de sursis...

— Fille Lecoulteux!...

Fabienne paraît, pâle et ferme, déjà hors du monde.

— Il y a sursis pour celle-là, déclare Tavernier.

Elle n'a plus qu'à mettre ici sa signature...

— Pourquoi sursis? demande la foule, qui se renseigne...

Fabienne, dont Martial a délié les mains, prend la plume... et, là-bas, l'appel continue, tel un glas :

— Guérin!... Montcrif!... Berton de Montbas!... Lavoisier!...

— Signez! vite!...

Mais Fabienne ne veut pas signer sa honte.

Martial insiste en vain, et Labussière, et

même quelques femelles, qui s'attendrissent et qui plaisantent.

— Sauve-le, ce petit ! Signe donc, la religieuse ! Tu fais bien des façons à présent !...

— Moi ?

Ah ! malheureuse !...

Elle vint de déchirer l'autorisation de sursis...

Un dernier adieu à l'homme qu'elle aime...

Elle suit la file des condamnés, toute blanche, et la foule, saisie, salue la martyre chrétienne...

La voilà sur la charrette...

— Assassins ! s'écrie Martial, fou de douleur et de rage.

Et il se rue sur les gendarmes en hurlant :

— Assassins !

— Ah ! chouan ! tu nous insultes ?

Un coup de pistolet, auquel répond un cri lointain :

— Martial !

La charrette s'éloigne. Martial tombe et meurt...

Et Labussière pleure déchiré :

— Moi qui ai tant sauvé d'innocents, n'avoir pu sauver ces deux-là !...

Imprimerie PAUL SCHMIDT, 5, av. Verdier, Grand-Montrouge

A LA MÊME LIBRAIRIE

THÉATRE INSTANTANÉ ILLUSTRÉ

1º **Thermidor**, pièce en 4 actes de Victorien Sardou, photographies des artistes, clichés Van Bosch, tirage photographique d'Aron Frères, aquarelles de José Ray.. 6 fr.

2º **Miss Helyett**, opérette en 3 actes, paroles de M. Maxime Boucheron, musique de M. Edmond Audran, photographies des artistes, clichés Van Bosch, tirage photographique d'Aron Frères, aquarelles de José Ray.. 6 fr.

Le nouveau roman d'ÉMILE ZOLA

LA DÉBACLE

paraît actuellement dans la *Vie populaire*.

Imp. Paul Schmidt, 5, avenue Verdier, Grand-Montrouge (Seine).

www.ingramcontent.com/pod-product-compliance
Lightning Source LLC
LaVergne TN
LVHW051513090426
835512LV00010B/2510